La Bellezza Nascosta

Antonio Topia

Titolo | La Bellezza Nascosta
Autore | Antonio Topia

ISBN | 978-88-91193-20-9

Youcanprint Self-Publishing
Via Roma, 73 - 73039 Tricase (LE) - Italy
www.youcanprint.it
info@youcanprint.it
Facebook: facebook.com/youcanprint.it
Twitter: twitter.com/youcanprintit

CAPITOLO PRIMO:

"LA PAURA"

Nel 1987 ero al mare con la mia famiglia ed i miei suoceri, a Lido di Classe provincia di Ravenna. Dopo il quinto giorno di vacanza, mia moglie ha avuto un forte calo di pressione e l'ho vista stesa a terra priva di sensi. Dallo spavento, il giorno dopo, sono stato male.

Ho iniziato ad avere sintomi vari: sentivo gli odori in modo esagerato, non avevo appetito e mi veniva spesso da piangere, nonostante la nostra società ci abbia insegnato che gli uomini non devono piangere.

Il dottore ha diagnosticato una depressione e mi ha dato da prendere degli psico-farmaci. Da lì è cominciato il mio calvario durato circa dodici anni.

Mi sono sempre vergognato a raccontare agli altri che ero depresso; ogni tanto piangevo ed ero soprattutto pieno di paure. Quando ero al lavoro, passavo le giornate nella paura più grande e cioè quella di lavorare con una cliente ed avere il terrore di non riuscire a portare a termine il lavoro che dovevo svolgere. Ci tenevo quanto a me stesso a poter fare bella figura e non volevo scoprissero che ero depresso. Fortunatamente non è mai successo. Nessuno si è mai accorto di nulla, sono sempre riuscito a fare tutto ma solo per due giorni non sono andato al lavoro perchè non avevo preso le medicine.

In seguito ho iniziato a frequentare per qualche tempo un pranoterapeuta e, dal primo giorno ho avuto risultati buoni con più di qualche piccolo sollievo.

Purtroppo i miei famigliari non erano d'accordo che io lo frequentassi perchè non credevano potesse guarire la gente. Così ho avuto molti problemi anche con la mia famiglia e, con il tempo, non sono più andato per i trattamenti, sebbene le sedute mi avessero creato molta dipendenza. Quando si sta male speri sempre che qualcuno ti possa aiutare a guarire.

Ho avuto poi la fortuna di conoscere un grande Maestro che, oltre ad aiutarmi a guarire piano, piano, in circa dodici anni, inculcandomi la fiducia in me stesso, mi ha anche insegnato lo Yoga e le arti marziali.

Il primo libro che mi ha fatto acquistare e leggere è stato: "Il magico potere della vostra mente". Così, dopo circa dodici anni di paure, di terrore ad uscire di casa, di lavorare, di andare in vacanza, o di guidare l'auto, la mia rinascita è cominciata.

La cosa più difficile per me da superare è stata quando accompagnavo mio papà in Ospedale, per delle visite due tre volte al mese. Appena entravo in Ospedale era come se avessi sulle spalle un peso di cento chili e mi sentivo schiacciato. È impossibile descrivere esattamente il mio stato d'animo, la paura dentro di me era enorme. Avevo talmente tanta paura che temevo di non riuscire a portare avanti gli impegni di accompagnatore, di lavoro, di famiglia,... Grazie però alla mia tenacia, all'aiuto del mio Maestro ed a quella del Santo Universo, che sentiva il mio urlo interiore di sofferenza, sono sempre riuscito ad affrontare le situazioni. Finalmente sono guarito e per questo ringrazio di cuore il mio Maestro e l'Universo intero che sono riusciti a farmi avere fiducia in me stesso e a riacquistare la salute.

Osho nel libro: "La paura" dice che la stessa si può eliminare con l'Amore. Come il Buio scompare con la Luce, così la Paura scompare con l'Amore. Ama dove c'è paura e la paura svanirà.

CAPITOLO SECONDO:

"LA MENTE E LA PAURA"

La prima cosa da capire è che siamo noi stessi a dare una direzione alla nostra vita, con il modo di pensare. Se abbiamo pensieri di paura, creiamo tensione, rabbia, delusione, solitudine e, queste sensazioni insieme, creano a loro volta disturbi, malattie fisiche, psichiche e tensioni con le persone che frequentiamo.

La mente si può paragonare a un giardino: se hai pensieri positivi è come se mettessi nel terreno semi buoni, anzi di ottima qualità e crescono piante meravigliose con frutti gustosi, invece se hai pensieri negativi metti semi di cattiva qualità e crescono erbacce, piante orrende con frutti disgustosi.

Per conoscere i propri pensieri, bisogna osservarli. Se sono pensieri positivi ed equilibrati rinforzali pensando in quel modo frequentemente. Se sono negativi e squilibrati cioè pensieri di dubbio, rabbia, nostalgia e amarezza, trasformali subito sul nascere.

Per esempio, se sono preoccupato per il lavoro che va male, e si guadagna poco, devo trasformare la preoccupazione in piena fiducia, immaginando e vedendo che il lavoro va bene, già da subito, vedendolo incrementare con ottimi guadagni.

Per ottenere ciò che vuoi devi conoscere un po' di più che cosa è la mente e come funziona. Mi sono posto molte volte questa domanda: "chi sono Io, la Mente?" E la risposta è stata che Io uso la Mente (per l'esattezza è la mente che usa Me). "Chi sono Io? il Corpo?" No, Io uso il Corpo. E allora che cosa sono i pensieri? "I pensieri sono gli alimenti della mente" allora, in definitiva Io chi e che cosa sono? Io sono il Pensatore, cioè pura consapevolezza, anche se, per ora, ho più momenti inconsapevoli. Ogni persona tramite la consapevolezza e, mantenendo il momento presente, può mettersi in contatto con la sua vera essenza. Noi siamo come una carrozza, un cocchiere, le redini e i cavalli. La carrozza corrisponde al nostro corpo, il cocchiere siamo noi "il pensatore" ossia la pura consapevolezza; le redini sono la nostra volontà, il potere di dirigere la mente, i cavalli sono la nostra mente.

Il problema è che il cocchiere, cioè noi, non abbiamo le redini in mano perchè non viviamo al momento presente. Prova ad immaginare una carrozza con dei cavalli in corsa su una strada, senza il controllo del cocchiere tramite le redini. La carrozza sbatte da una parte all'altra con il rischio di portarci fuori strada, con danni molto seri sia alla carrozza (il corpo) che ai cavalli (la mente). Ciò succede perchè siamo inconsapevoli e la mente agisce da padrona portandoci dove vuole. Cosa bisogna fare? Prenderci ciò che ci spetta di diritto dato che siamo noi i padroni. Dobbiamo prendere le redini in mano e dirigere noi la mente e la nostra vita.

Dobbiamo diventare consapevoli ed osservare le nostre emozioni, scegliendo quelle che ci fanno stare bene così ci mettiamo in contatto con la nostra vera essenza. La cosa più importante da fare, una volta interiorizzato il sistema, è che bisogna trasformare sul nascere, il negativo in positivo per ottenere ciò che vogliamo in tutti i campi: salute, amore, lavoro...

Se ho pensieri di gelosia o altri pensieri negativi verso i figli, moglie, marito... io li osservo e li trasformo affermando che ho piena fiducia in mio/mia figlio, moglie o marito. Visualizzo la fiducia completa nei loro confronti. Questa è l'alchimia per trasformare sul nascere i pensieri negativi in positivi e poter ottenere più serenità, gioia ed armonia.

Fai un'analisi accurata, per sette giorni, osservando e annotando su un quaderno tutti gli stati d'animo che ti feriscono di più.

Al settimo giorno guarda quale stato d'animo prevale: rabbia, gelosia, solitudine, amarezza o paura. Mettiamo che prevalga la solitudine e osservala dicendole: stai con me, camminiamo mano nella mano ed immaginati sereno e con tanti amici amorevoli. Se invece è la paura che prevale, osservala e non cercare di avere più coraggio per mandarla via, ma riempi il tuo cuore di amore e la paura scomparirà perchè l'opposto della paura è l'amore. Metti amore anche per tutti gli altri stati d'animo, in fondo la rabbia, la gelosia, la solitudine, l'amarezza..., hanno come comun denominatore sempre la paura. La paura di perdere qualche cosa o qualcuno.

Per ogni problema c'è sempre la soluzione, basta saperla cercare e vedere. Cosa fare? Se il problema è che lavori in una azienda, e pur facendo straordinario, il denaro guadagnato non basta per far fronte a tutti i bisogni quotidiani; facciamo un'analisi per sette giorni al fine di cercare una soluzione.

Prendi un quaderno e scrivi ciò che vuoi ottenere, poi annota tutte le idee che ti vengono durante la settimana ripetendo più volte durante il giorno: "sono certo che ora ho la soluzione per ottenere ciò che voglio". Annota tutte le idee che si presentano e poi incomincia a provare quelle che ti ispirano di più. Se non va bene la prima, riprova con un'altra, non ti arrendere e vedrai che presto arriverà la soluzione. Fatti delle domande, scrivile su un foglio e ogni tanto rileggi: "il lavoro che faccio mi piace? Vado d'accordo con i miei colleghi?" Se la risposta che ti dai è che il lavoro che stai facendo non ti soddisfa più e vuoi cambiare, scrivilo su un foglio; metti quanto vorresti guadagnare ogni mese ed immagina di vederti contare il denaro sentendolo ruvido sulle dita e di ascoltare il fruscio delle banconote. Leggi quanto scritto sul foglio più volte al giorno e molto presto per la legge di ATTRAZIONE otterrai ciò che vuoi.

CAPITOLO TERZO:

"NE UCCIDE PIÙ

LA LINGUA CHE LA SPADA"

Oltre che con la lingua si può fare del male anche con il solo pensiero. Il linguaggio va usato per costruire e rafforzare le persone, non per indebolirle e crearle blocchi, se mai per sbloccare blocchi già esistenti.

Quando un bambino piccolo combina qualcosa, ad esempio, ci riga un mobile o ci rovina una pianta, gli si dice: "ne combini sempre una, sei uno stupido! Un teppista, un buono a nulla, non farai mai niente di buono nella tua vita..."

Questi sono tutti semi distruttivi che piantiamo nell'inconscio del bambino, e creiamo dei blocchi che si porterà avanti per tutta la vita. Se noi, quanto detto sopra, lo pensiamo solamente (e cioè che il bambino è uno stupido, che non farà mai niente di buono nella vita) non è detto che non faremo un danno ugualmente, perchè la differenza tra parola e pensiero è minima.

Il bambino percepirà in modo più lieve il pensiero negativo ma, a livello inconscio, sarà influenzato ugualmente negativamente dai nostri pensieri. Per far sì che le persone e i bambini che ci circondano, figli, nipoti, parenti e amici, crescano e vivano in modo costruttivo, dobbiamo crescere e vivere in modo costruttivo anche noi per primi. Dobbiamo raggiungere la maturità, la saggezza, e sperimentare la sincerità, la serenità e l'amore. Come fare tutto ciò? Con la meditazione, l'introspezione, e seguendo soprattutto il proprio cuore. Non bisogna fare o dire agli altri ciò che non vorresti fosse fatto o detto a te.

Se vogliamo essere positivi e costruttivi, dobbiamo valutare bene ciò che pensiamo o diciamo perchè il pensiero e la parola indirizzati verso gli altri, sono così potenti che possono o aiutare a costruire e dare forza se positivi, oppure creare blocchi ed indebolire, se negativi.

Se un bambino ci riga un mobile o ci rovina una pianta bisogna spiegare con calma e amore che il mobile e la pianta bisogna trattarli bene. Il bimbo deve comprendere il giusto valore delle cose che ci stanno intorno perchè servono a renderci la vita più bella. Un mobile ci da delle comodità, una pianta abbellisce l'ambiente per cui bisogna trattarli con cura. La rabbia sfogata con male parole quando ci viene rigato un mobile, non serve a nulla, solo a lanciare frequenze negative. Non dobbiamo essere attaccati alla materia in modo esagerato, ma dare il giusto valore a tutte le cose.

Dobbiamo soprattutto essere positivi con gli esseri umani indifferentemente dalla loro età. Nei bambini, come anche negli adulti, vanno cercati i punti di forza, al fine di mettere dei semi buoni e costruttivi: sei forte, bravo, sei un genio, fai sempre cose buone, sei intelligente, coraggioso, sincero, amorevole e bello.

Questi semi cresceranno dentro i tuoi figli, nipoti, parenti e amici e secondo natura dato che, ciò che semini raccogli, raccoglierai cose buone e positive.

Dando semi costruttivi ad altri esseri umani, fai un dono non solo a chi ti sta vicino, ma anche a te stesso. Visto che, ciò che dai di buono ti sarà restituito con gli interessi.

CAPITOLO QUARTO:

"IL MATRIMONIO"

Se una persona si sposa, convive o è fidanzata, perchè le cose funzionino veramente deve stare in intimità con il suo compagno/a donandosi in modo totale a lui/lei: in tal modo riesce a convogliare le proprie energie completamente sulla persona amata. È invece pericoloso intraprendere altre relazioni contemporaneamente perchè, così facendo, togliamo energia e forza a quella già esistente. È meglio concludere prima la relazione attuale. Immagina poi come dovrà essere il nuovo compagno/a e, quando arriverà e troverai in lui/lei quello che vuoi veramente, allora potrai intraprendere la nuova relazione.

In genere qualsiasi rapporto deve essere basato sulla fiducia e il rispetto. È necessario osservare i propri pensieri che non devono essere solo di attrazione ma soprattutto di amore e di fiducia.

Se incontri persone belle, abbi pensieri solo di bellezza amorevole e disinteressata mai di piacere fine a se stesso. Se ciò accade trasforma subito sul nascere quei pensieri e pensa: "io sto in intimità con il mio partner solo perchè lo amo". Un pensiero negativo se lo pensi più volte lo rafforzi e con il tempo può diventare azione unicamente a livello fisico. Così facendo togli del benessere al tuo compagno/a e con il tempo rischi di rovinare il tuo amore.

Vedi il tuo compagno/a (matrimonio) come un giardino. Se hai pensieri d'amore, desideri positivi, stai mettendo dei semi sani nel tuo giardino e cresceranno piante che faranno frutti meravigliosi che rafforzeranno il tuo amore. Se invece hai pensieri e desiderio di stare in intimità con un altro/a compagno/a stai seminando male in un altro giardino. In questo modo togli energia e semi buoni al tuo giardino originale, indebolendolo e facendolo diventare più arido. Quando il tuo amore verrà a sapere che hai un altro giardino (compagno/a) rimarrà molto amareggiato/a. Trasforma i pensieri sul nascere se sono pensieri che ti portano in direzione opposta al tuo amore.

Le azioni primarie

Come si inizia a fumare? Vedendo e copiando le altre persone che lo fanno e ti dicono che è buono e bello, e che sono tutte storie che fa male fumare. A questo punto noi ci pensiamo e più pensiamo, più desideriamo fumare. Ci avviciniamo così all'azione materiale del prendere la sigaretta e fumarla. Si sa quando si inizia e mai quando si smetterà. Per smettere dovrà esserci una forte motivazione: comunque con la forza di volontà e sacrificio si può smettere.

Lo stesso accade quando uno è innamorato del proprio compagno ed ha pensieri di intimità con un'altra persona. Bisogna trasformare il pensiero negativo sul nascere o comunque non rafforzarlo continuando a pensare in quella direzione.

Questo è il funzionamento delle azioni primarie. Esse nascono da un primo pensiero, più lo si rafforza pensandolo e desiderandolo intensamente, si arriverà all'azione fisica ed in conseguenza a ciò, ci arriveranno una valanga di situazioni che non saremo più in grado di controllare.

Immaginiamo ad esempio di avere innanzi a noi due linee che potremo superare o meno, una è gialla e la seconda è rossa. Con il primo pensiero non positivo stiamo superando la linea gialla. Se il primo pensiero e il desiderio continuano intensamente, accade come quando si dice: questa sigaretta, questo uomo o questa donna, li sogno anche alla notte, si oltrepassa definitivamente la linea rossa.

Se non si oltrepassa la linea rossa, si può sempre tornare indietro, mentre, se si passa all'azione fisica, del tipo prendere la sigarette è fumarla, o andare in intimità con uomo o donna, si oltrepassa la linea rossa e la chiamiamo azione primaria.

Da lì non si può più tornare indietro fin quando non si presenta un'opportunità; è come un tram che, su un bivio prende una direzione e deve arrivare al bivio successivo per poterla cambiare. Quindi se una persona ha un compagno/a è meglio non oltrepassare la linea rossa con altre relazioni amorose. È come il domino. Il primo mattone rappresenta la linea rossa e da lì un mattone butta giù l'altro. I mattoni rappresentano le situazioni e non si possono più controllare gli eventi. La situazione che si è instaurata può durare una settimana, un mese, un anno, dieci anni, o tutta la vita. Si potrà uscirne solo quando si presenterà l'occasione e non si sa quanto tempo ci vorrà.

Per accelerare il processo di uscita da una situazione che non si vuole, abbiamo l'aiuto di una forza molto forte: che è la nostra volontà. Pensando continuamente che ciò che vogliamo si avvererà, acceleremo la riuscita.

Se il compagno abbandona la sua compagna e viceversa è come un soldato che abbandona il campo di battaglia.

Egli è inconsapevole che avrà un altro campo di battaglia con un altro compagno/a.

Il soldato scegliendo di stare da solo, penserà di essere libero di divertirsi. Il meschino non sa che sta per intraprendere un'altra battaglia che lo condurrà alla solitudine.

La libertà sta dentro di noi e la si conquista mantenendo il momento presente con la meditazione o la preghiera.

In genere, chi abbandona, è in una posizione di vantaggio rispetto agli altri. In primo luogo perchè è la persona che fa la scelta ed in secondo luogo perchè, per lo stesso motivo è più forte psicologicamente. Inoltre, nella maggior parte dei casi, chi lascia il compagno/a per un'altra persona, ha quasi sempre una nuova storia già "programmata".

Chi abbandona il campo, la famiglia, (soprattutto se ci sono dei figli) dovrebbe almeno provvedere a tutti i bisogni materiali, non potendo dare il resto, cioè la propria presenza ed il proprio amore.

L'unico modo per potere donare tutto sarebbe non abbandonare il campo (la famiglia), volendo e trovando l'armonia famigliare, con la pazienza e la buona volontà. In questo caso non si è più un soldato che subisce l'orrore della battaglia, ma un condottiero con il comando e il potere di cambiare le cose, ottenendo tutto ciò che è bello e armonico. In questo caso, si può dare tutto, non solo alla famiglia, ma anche a se stessi. Ogni cosa, ogni gesto, ogni parola, ogni azione, diventano una vera celebrazione. Un metodo per trovare l'armonia famigliare, ribaltando la situazione, è concentrarsi sulle soluzioni, sui pregi e sulle cose belle del compagno/a e dei figli, se ci sono; senza concentrarsi sui difetti e sulle cose brutte.

È importante il modo di pensare, cioè il modo personale di vedere le cose. Ad esempio, quello che uno vede e percepisce come difetti o cose brutte in una donna o in un uomo, un altro/a le può vedere come cose belle e che funzionano.

Se una cosa, una persona, un animale o una pianta fossero veramente brutte o belle, tutti le dovrebbero vedere allo stesso modo. Vederla bella o brutta è solo la conseguenza del proprio modo di pensare.

Bisogna concentrarsi sulle cose belle, avere pensieri d'amore, di fiducia, e per legge di attrazione, ottieni solo ciò su cui fissi il pensiero. Solo in questo modo puoi ribaltare l'andamento del tuo matrimonio. Basta capire che l'Universo riconosce solo il SI', non riconosce il NO. Se tu dici: "voglio che il mio matrimonio non vada a rotoli "è come se stessi chiedendo all'universo "voglio che vada a rotoli." Devi dire e ripetere: "il mio matrimonio va benissimo".

Tutto quello che chiedi ti sarà dato. Scrivi su un foglio: "il mio matrimonio già da ora va benissimo". Ciò l'ottieni perchè lo vuoi. Stessa cosa per la salute ed altre cose che puoi chiedere allo stesso modo.

Personalmente ho chiesto con queste parole di potere restare insieme a mia moglie. Ringrazio di cuore l'Universo per la forza che ci ha dato per andare avanti, superando ostacoli molto difficili: "grazie Universo"

Qualora scopriste che il compagno/a è stato in intimità con un altro/a non lasciatelo/a, se vi promette che non lo farà mai più e manterrà questa sua promessa. Potrete ricostruire questo amore che ha rischiato di andare perduto. Non si butta via un matrimonio, una convivenza o un fidanzamento per un errore. Se, al contrario, non riconosce lo smarrimento, non vi promette fedeltà completa da quel momento, ma vi dice anche che mentre sta con un altro/a pensa a te, oppure che mentre sta con te pensa ad un altro/a è ovvio che non vi ama. Perciò impossibilitati nel perdono, ditele di non pensare proprio più a voi. Segua pure la sua strada e faccia ciò che sente vada meglio per lei/lui. Lo faccia con il nostro augurio di essere felice.

Al momento del matrimonio promettiamo fedeltà, eppure sappiamo che forse, è una cosa che non riusciremo a mantenere. Anche solamente il pensiero di essere in intimità con un'altra persona, non è fedeltà. Eppure il pensiero di essere in intimità con altri è una realtà fra persone sposate, fidanzate o conviventi. Purtroppo, spesso, è qualcosa che va oltre il solo pensiero.

A questo punto basta non promettere qualcosa che sai di non riuscire, per ora, a mantenere. Istintivamente gli uomini, che per natura impollinano un po' qua e un po' là per garantire la prosecuzione della specie e soddisfare i propri desideri, vogliono più donne. Le donne, invece, molto più riservate, per proteggere la gravidanza, non desiderano più uomini.

Considerato che il matrimonio ha delle regole precise, come la fedeltà, il cercare di essere una cosa sola con il partner, il vivere l'uno per l'altra; bisognerebbe avere l'onestà di non sposarsi. Partendo con l'intento di godere solo dei diritti del matrimonio e di non mantenere le promesse fatte; sbagliamo già da subito.

Chi promette deve mantenere perchè le promesse vanno mantenute. Ogni promessa mantenuta è un successo nella vita, un successo attrae l'altro e così via.

Bisogna iniziare da piccole cose e mantenerle.

Domattina mi alzo alle otto in punto, e se riesco ad alzarmi alle otto in punto è un successo. Come questo, tanti altri piccoli successi si possono realizzare, giungendo così ai grandi successi che ti daranno la vera felicità, il successo più importante della vita, ovvero la realizzazione di se stessi.

CAPITOLO QUINTO:

"LA BELLEZZA NASCOSTA"

Un anno fa ad un seminario di yoga ho conosciuto una ragazza di nome Rosy di circa ventitrè anni. Abbiamo comunicato per tre giorni nei momenti di pausa.

Rosy mi ha raccontato le sue esperienze riguardo alla bellezza, dandomi il permesso di scrivere la sua storia molto particolare. La prima volta è capitato mentre guidava l'auto. Stava percorrendo l'autostrada francese ed era a circa venti chilometri dal traforo del Frejus. Mi ha detto che mentre guidava ed osservava il verde degli alberi, le montagne, i fiori, il suo sguardo venne attratto soprattutto dalla striscia bianca dell'autostrada che si allungava all'infinito.

All'improvviso capì quante persone avevano lavorato per realizzare quella strada, alla immensa fatica che c'era dietro. Si rese anche conto che c'era voluta la genialità del progetto, la competenza necessaria per scegliere i materiali più adatti a resistere alle intemperie e, non ultima, la capacità di unire l'aspetto estetico a quello pratico in un tutto armonico e così via....

Rosy mi ha detto di essere entrata in contatto con la bellezza che è dentro di noi, attraverso la bellezza esterna che aveva ammirato e le aveva fatto da ponte. Si trovò così immersa in una realtà di pace, tranquillità, felicità e spensieratezza in una concentrazione molto piacevole tipo training autogeno. Pur rendendosi conto che non era affatto training (visto che lo conosceva molto bene) ma era qualcosa di diverso molto più forte e più intenso.

La sua prima esperienza è durata circa due ore e poi è tornato tutto come prima.

La seconda volta che è entrata in questa particolare sintonia con la bellezza è successo dopo circa sei mesi. In seguito ad una telefonata: si trattava di una offerta di lavoro a cui teneva tantissimo e che aveva desiderato intensamente. Questo creò in lei un momento di bellezza e di gioia ed anche questa volta provò questa realtà di pace, tranquillità e felicità molto forte. L'esperienza durò circa un giorno e mezzo, poi è tornato tutto come prima. A distanza di due mesi, erano circa le diciannove e trenta, e viaggiava in auto come le due volte precedenti. Questa volta è accaduto pensando e rivivendo con l'immaginazione l'emozione intensa delle due volte precedenti; emozione ricevuta dall'osservazione della striscia bianca ed emozione intensa provocata dall'offerta di lavoro. Questa volta l'esperienza è durata tre giorni interi. Rosy, prima di addormentarsi faceva, un rilassamento e si rilassava così profondamente come non le era mai successo prima. Ella provava una pace estrema, sentendosi un tutt'uno con la natura. La sera del terzo giorno, prima di andare a dormire, ha fatto come sempre, questo rilassamento intenso con l'effetto di pace, gioia e armonia. Purtroppo al mattino dopo quando si è svegliata, si è resa subito conto che era ritornato tutto normale come prima. Mi ha raccontato, in seguito, che erano passati quasi sette mesi ma non era più entrata in quella fase di serenità totale. Ogni tanto, però le accadeva di sentirsi particolarmente concentrata. È un vero peccato che Rosy, prima della fine del seminario non mi abbia lasciato un recapito telefonico, per cui quando ho deciso di scrivere questo libro, includendo la sua esperienza, non ho potuto più contattarla. Spero che un giorno leggendolo mi chiami.

Per conoscere se stessi, cioè la nostra vera essenza, si può iniziare dall'interno, con lo yoga, la meditazione, o la preghiera. Possiamo anche iniziare dall'esterno, osservando la bellezza che è in tutte le cose: nella natura, nel cibo, e in tutto ciò che crea l'uomo. Se noi impariamo, prendendo spunto dall'esperienza di Rosy, ad entrare in contatto con la bellezza esterna e perseveriamo osservandola e vivendola al presente, giorno dopo giorno, meditando e contemplando, vedremo che piano piano, essa ci porterà a scoprire la bellezza che è dentro di noi.

Siamo tutti belli, solo che con il linguaggio, con i pensieri, cioè con il chiacchierio della nostra mente, che è sempre alla ricerca di problemi da risolvere (é il suo lavoro) ci specializziamo a creare differenze. Questo è bello, questo è brutto, questo è caldo, questo è freddo,... Così facendo ci facciamo distrarre dai problemi e ci dimentichiamo della cosa più importante della nostra vita: "conoscere ed assaporare la Bellezza Nascosta che è nel profondo di noi tutti, dico tutti".

Abbiamo un tesoro dentro di noi, siamo tutti ricchi, solo che non ne siamo consapevoli.

Fate questo esercizio per dieci minuti almeno per due volte alla settimana: fate tre respiri profondi e poi osservate gli oggetti che si trovano nell'ambiente in cui siete, fermate la vostra attenzione per alcuni minuti su ogni oggetto, osservandone la bellezza, la forma, i colori, i materiali, la robustezza, l'utilità, l'arte, ed assaporate la sensazione che vi danno. Se vi rilassate, se vi emozionate, gustate tutto totalmente, siate lì al momento presente e fondetevi con l'oggetto stesso.

Cercate di percepire il motivo che ha spinto qualcuno a costruirlo. Forse l'ha fatto per avere emozioni, per dare emozioni, per guadagnare, per accettarsi o farsi accettare.

Se osservando la bellezza esterna, riuscirete a percepire la bellezza interiore; oltre a provare momenti di gioia, pace, serenità, piacere ed armonia, rinforzerete il corpo e la mente ed imparerete a vivere bene.

Gli antichi avevano raggiunto già tantissimo tempo fa, questa saggia conoscenza e l'avevano sintetizzata in un famoso detto:

"MENS SANA IN CORPORE SANO" ossia
"Mente sana in corpo sano".

BIBLIOGRAFIA

- Walter M. Germain,
  Il magico potere della vostra mente,
  Mediterranee Edizioni, 2000;

- Eckhart Tolle,
  Il potere di adesso, Gruppo Editoriale Armenia, 2004;

- Rhonda Byrne,
  The Secret, Gruppo Editoriale Macro, 2007;

- Osho,
  La paura. Comprenderla e dissolverla, Bompiani 2008;

- Esther e Herry Hicks,
  La legge dell'attrazione. Chiedi e ti sarà dato, TEA, 2009;

- Giulio Cesare Giacobbe,
  Alla ricerca delle coccole perdute, Ponte alle Grazie, 2004;

- Paulo Coelho,
  Manuale del guerriero della luce, Bompiani, 2000;

- Hernan Huarache Mamani,
  La profezia della curandera, PIEMME, 2001;

- Paramahansa Yogananda,
  L'eterna ricerca dell'uomo, Casa editrice Astrolabio, 1975.

INDICE

Finito di stampare nel mese di Giugno 2015
per conto di Youcanprint *Self-Publishing*